Alain MATHO TSHIKU

Mouvement Prophétique pour le Salut des Âmes : Tome 2

Alain MATHO TSHIKU

Mouvement Prophétique pour le Salut des Âmes : Tome 2

Des vérités spirituelles pour votre explosion mentale

Éditions Croix du Salut

Imprint

Cover image: www.ingimage.com

Publisher:
Éditions Croix du Salut
is a trademark of
Dodo Books Indian Ocean Ltd. and OmniScriptum S.R.L publishing group

120 High Road, East Finchley, London, N2 9ED, United Kingdom
Str. Armeneasca 28/1, office 1, Chisinau MD-2012, Republic of Moldova, Europe
Printed at: see last page
ISBN: 978-620-3-84528-0

MOUVEMENT PROPHETIQUE *Pour* LE SALUT DES AMES

DANS

LA PAROLE DANS TON COEUR

............DEVOTIONEL AU QUOTIDIEN

Des vérités spirituelles pour votre explosion mentale

(M.P.S.A.)

TABLE DES MATIERES

Introduction..6

consulte d'abord la parole de Dieu avant toute chose...............8

Tu reçois la marque de la grâce et de la distinction aujourd'hui..10
Lorsque tu restes pendant longtemps dans la présence de Dieu..12
Ne touchez pas à Pharaon ; touchez à son premier

né, il vous laissera la vie sauve..14

Est-il possible de jeûner sans avoir faim

? Voici la réponse..16

Lorsque Dieu te conduit..19

Ne méprisez pas le serviteur de Dieu..21

change ton mindset et tu vaincras l'ennemi..............................23

Ce que le diable vise dans votre vie...25

Ce que fait la parole de Dieu...27

Dieu s'engage de tourmenter tes oppresseurs..........................30

les deux esprits qu'il faut avoir pour une percée sans limite..32

Dieu vous met à part..35

Les enfants de Dieu sont supérieurs aux sorciers.......................38

pourquoi les enfants de Dieu ne peuvent pas emprunter ?.......41

Votre révérence sur le gardien de l'autel vous qualifie dans la gloire...45

Le signe d'un cœur repentant...48

Tu ne mourras pas avant ton temps...50

Ne t'habitues pas avec le péché……………………………………..52

Tu réussiras à enfanter ce projet peu importe l'adversité……….54

le plus grand obstacle à la délivrance…………………………....56

Comment le diable séduit les enfants de Dieu…………………....58

Soyez ivre de la parole……………………………………………....61

rassures toi de lier l'homme fort pour dominer ta contrée……..64

tu peux provoquer des saisons par les semences…………….....66

Le système de l'anti Christ fonctionne déjà………………………...69

l'esprit de la révélation et son impact dans

la marche de la foi……………………………………………………….73

Les bénéfices du contentement……………………………………......75

DIEU confirme la parole que tu déclares…………………....….77

la plus grande satisfaction de Dieu……………………….…...79

Le péché n'a plus d'influence sur toi………………………….......81

INTRODUCTION

Nous avons eu à cœur de mettre sur pied cet ouvrage afin de rapprocher la parole de Dieu dans la vie de plusieurs personnes ; nous visons ainsi par ce travail, la maturité spirituelle, le salut des âmes et le renouvellement de l'intelligence.

La parole de Dieu est la nourriture spirituelle qu'il faut pour accroitre le niveau de maitrise et de Commande dans la vie des enfants de Dieu malgré la présence de l'adversité.

En mettant la parole de Dieu en pratique, elle finit par faire de tout celui qui la médite ce qu'elle dit car, elle est Esprit et vie.

Nous croyons fermement que la rencontre avec la parole portera plus de la lumière dans chaque aspect de votre vie ténébreuse car, tout ce dont vous avez besoin est empaqueté dans la parole ;et cette parole est JESUS CHRIST ;et dès lors que vous l'avez reçu dans votre cœur comme Seigneur et Sauveur et que vous vivez dans une totale obéissance de sa parole, aucune force négative ne pourra vous résister ;et vous exercerez toujours de la maitrise devant l'adversité et manifesterez toujours une foi violente et vivante.

Que Dieu vous bénisse.

Alain MATHO TSHIKU, votre frère et serviteur

2023 DENOMME ANNEE DES GRANDES CONQUETES

PAROLE PROPHETIQUE DE MOIS DE JANVIER 2023

JANVIER 2023 DENOMME : **VOTRE MOIS DES EXPLOITS**

EXODE 17 :8 Amalek vint combattre Israël à Rephidim. 9 Alors Moïse dit à Josué: Choisis-nous des hommes, sors, et combats Amalek; demain je me tiendrai sur le sommet de la colline, la verge de Dieu dans ma main. 10 Josué fit ce que lui avait dit Moïse, pour combattre Amalek. Et Moïse, Aaron et Hur montèrent au sommet de la colline. 11 Lorsque Moïse élevait sa main, Israël était le plus fort; et lorsqu'il baissait sa main, Amalek était le plus fort. 12 Les mains de Moïse étant fatiguées, ils prirent une pierre qu'ils placèrent sous lui, et il s'assit dessus. Aaron et Hur soutenaient ses mains, l'un d'un côté, l'autre de l'autre; et ses mains restèrent fermes jusqu'au coucher du soleil. 13 Et Josué vainquit Amalek et son peuple, au tranchant de l'épée.

Sur cette parole, je proclame ce qui suit :

1. Ta célèbres la victoire de toutes parts
2. Aucun ennemi n'échappera cette fois ci
3. Dieu te maintien dans la victoire de manière permanente et durable.
4. Tu entres dans le repos de toutes parts

Ces 4 décrets deviennent opérationnels dans ta vie au nom de JESUS

Méditation

01 JANVIER 2023

THEME : consulte d'abord la parole de Dieu avant toute chose.

1Rois 22:5 Puis Josaphat dit au roi d'Israël: Consulte maintenant, je te prie, la parole de l'Éternel.

Il est d'une importance capitale de se fier à la voix de Dieu lorsqu'on veut s'engager de faire quelque chose ; Dieu aime cela ; pourquoi ? Par ce qu'il se sent considérer à chaque fois qu'il est consulté.

Il n'échoue jamais; il est un bon allié qui ne perd jamais le combat ; et lorsque vous êtes engagés dans sa direction, les erreurs sont bannies.

Josaphat l'avait compris et il a conseillé au roi d'Israël d'emboîter les pas dans cette direction-là.

Au moment où vous ignorez son conseil, ne pensez pas le voir intervenir dans votre situation ; confiez-vous totalement à l'Éternel pour la réussite totale de votre vie peu importe le domaine.

Développer cette mentalité de le consulter en tout temps ;car, votre fellowship aura un sens si vous êtes plus confiant en Dieu.

Que votre écoute soit plus opérationnelle ; et que la confusion soit ôtée dans ta vie ; tu recevras maintenant les instructions et orientations de manière claire et précise au nom de JÉSUS CHRIST de Nazareth.

MA PRIERE

Reçois la mentalité de consulter Dieu avant de s'engager dans les affaires de la vie.

CONFESSION DE FOI

Saint Esprit, donne-moi la mentalité de consulter la volonté de Dieu avant de décider.

Méditation

02 JANVIER 2023

THEME :Tu reçois la marque de la grâce et de la distinction aujourd'hui

Apocalypse 7:3 Ne faites point de mal à la terre, ni à la mer, ni aux arbres, jusqu'à ce que nous ayons marqué du sceau le front des serviteurs de notre Dieu.

La marque de la grâce, de l'exemption et de la distinction deviennent ton partage.

Il y a une catégorie des personnes qui jouissent d'un traitement de faveur de la part de Dieu ; le Ciel tout entier se mobilise pour leur protection ; et cette réalité spirituelle devient ton partage.

Pourquoi cela ? dès lors que tu comprends qui tu es dans le royaume de Dieu, tu entres dans cette vie ; tu n'es pas n'importe qui ; tu dois te considérer ; tu es roi et sacrificateur ; ce sont des avantages d'être enfant de Dieu.

Le régime d'exemption est pour tous les fils d'Abraham et tu en fais partie ; alors déclare avec moi ce qui suit
"Que le traitement de faveur devienne mon identité".

Là où les gens n'y accèdent pas ; et du fait que Dieu a placé sur ton front le signe de la grâce et de la distinction, tu passeras et tu seras célébré plus que tes amis.

Que cette parole soit effective dans ta vie au nom de JÉSUS CHRIST de Nazareth.

MA PRIERE

Tu entres dans le règne des exemptions de toutes parts au nom de JESUS

CONFESSION DE FOI

Je vis la marque de la faveur et de la distinction au nom de JESUS.

Méditation

03 JANVIER 2023

THEME : Lorsque tu restes pendant longtemps dans la présence de Dieu

Marc 1:35.Vers le matin, pendant qu'il faisait encore très sombre, il se leva, et sortit pour aller dans un lieu désert, où il pria.

La présence de Dieu te rend efficace sur terrain pour produire des résultats extraordinaires en un laps de temps record.

C'était là le secret de JÉSUS ; il prenait plus de temps avec Dieu dans la prière pour impacter en un laps de temps record les vies des malades ; c'était son secret.

Si tu veux une vie spirituelle d'impact et de résultats, passe beaucoup de temps dans la présence de Dieu ; et tu prendras moins de temps pour guérir les malades.

Tous ceux-là qui prennent plus de temps devant les cas de démoniaques lors des cas de délivrance, passent peu de temps dans la présence de Dieu, et comme conséquence, les démons leur résistent.

La bonne approche est de vaquer à la prière et la méditation des Saintes écritures pour démontrer la puissance de Dieu sur terrain ; et plus vous êtes en train de pratiquer cela, votre autorité spirituelle va s'accroître ; et vous passerez moins de minutes à chasser les démons.

Dans la présence de Dieu, nous recevons des énergies célestes, la lumière de Dieu brille pour imposer ses empreintes dans chaque parole sortie afin de provoquer les changements voulus.

Recevez dès à présent la soif de vaquer à la méditation et à la prière pour une vie spirituelle d'impact de toutes parts au nom de JÉSUS CHRIST de Nazareth.

MA PRIERE

Que la présence de Dieu soit tangible et palpable au nom de JESUS

CONFESSION DE FOI

Je proclame que le Saint Esprit devient expressif dans mon corps au nom de JESUS.

Méditation

04 JANVIER 2023

THEME :Ne touchez pas à Pharaon ; touchez à son premier né,il vous laissera la vie sauve.

Exode 12:29 Au milieu de la nuit, l'Éternel frappa tous les premiers-nés dans le pays d'Égypte, depuis le premier-né de Pharaon assis sur son trône, jusqu'au premier-né du captif dans sa prison, et jusqu'à tous les premiers-nés des animaux.

Lorsque tu veux gagner la bataille une fois pour toute, ne vas ni à gauche, ni à droite ; et surtout ne cible pas Pharaon ; cible son premier né ; car, c'est lui qui est censé pérenniser ses actions; et sans lui, Pharaon n'aura pas un successeur.

Dieu a vu loin lorsqu'il a établi ce scénario ; tuer Pharaon en premier serait déclarer une guerre contre Israël ; et en ce moment-là, Israël n'avait pas encore une armée forte; et la stratégie Divine était de déclencher l'exode de manière pacifique.

Lorsque les premiers nés sont morts y compris même ceux de son cabinet politique, le gars se leva et alla vers Moïse l'envoyé de Dieu véritable pour négocier leur sortie de manière pacifique.

Vous allez aimer la suite ; ensuite il dit à Moïse, ne partez pas sans me bénir.

uhmmm, comment bénir quelqu'un qui vous a oppressé pendant 430 ans? DIEU a réglé le problème une fois pour toute en tuant ce qui était Cher aux yeux de pharaon ; et la Bible dit"

Exode 12:30 Pharaon se leva de nuit, lui et tous ses serviteurs, et tous les Égyptiens; et il y eut de grands cris en Égypte, car il n'y avait point de maison où il n'y eût un mort.

Ce fut la fin de l'esclavagisme; et c'est comme ça que Israël sortie avec Gloire ; le peuple dépouilla les Egyptiens ; une leçon pour le pharaon de ta vie.

Tu veux arrêter l'agression, laisse l'agresseur, et tue son premier né par ce qu'il représente ce qui a du prix à ses yeux ; et de là,il n'aura plus de force de continuer ; il prendra une seule décision, celle de laisser l'agression.

Sur cette parole, je déclare la mort de tous les premiers nés de tes ennemis ; qu'il manque de successeur sur son trône.

Peu importe la plateforme qui menace ta vie; dans 48 heures, elle va subir la perte en vies humaines des premiers nés ; qu'il en soit ainsi, et nul ne sera exempté au nom de JÉSUS CHRIST de Nazareth.

MA PRIERE

Que le premier né de pharaon meurt et que ta destinée entre dans le repos de toutes parts au nom de JESUS.

CONFESSION DE FOI

Que les premiers nés de tous mes ennemis meurent au nom de JESUS

Méditation

05 JANVIER 2023

THEME : Est-il possible de jeûner sans avoir faim ? Voici la réponse

Jean 15:5 Je suis le cep, vous êtes les sarments. Celui qui demeure en moi et en qui je demeure porte beaucoup de fruit, car sans moi vous ne pouvez rien faire.

Cette écriture nous dit tout ; tant que le Saint Esprit ne prend pas de relai dans ta vie, tout ce que tu tenteras d'entreprendre sera sans impact.

Et le jeune est devenu une activité physiologique et humaine ; alors que spirituellement il ne devrait pas en être ainsi ; tous ceux qui prennent de petits fruits pour équilibrer leur grand estomac, font de la religion ; et cette approche est trop dangereuse, elle inhibe la puissance même du jeûne.

Lisez avec moi cette écriture encore.

Luc 4:1 Jésus, rempli du Saint Esprit, revint du Jourdain, et il fut conduit par l'Esprit dans le désert,2 où il fut tenté par le diable pendant quarante jours. Il ne mangea rien durant ces jours-là, et, après qu'ils furent écoulés, il eut faim.

Il y a quelque chose que la Bible dit " JÉSUS CHRIST fut conduit par le Saint Esprit dans le désert pour passer de moments de jeûne et prière et se faire aussi tenter par le diable.

C'est le Saint Esprit qui donne la capacité de jeûner sans stress ; et JÉSUS CHRIST n'a pas bu et n'a pas mangé pendant tout ce temps à cause de Lui.

A chaque fois qu'il ne prend pas de relai dans ce que tu fais, n'attend pas le voir intervenir ; mais, lorsqu'il est pris en compte, il se sent engager d'agir ; et c'est comme ça qu'on parle de la communion avec le Saint Esprit; 2 corinthiens 13:13.

J'ai intériorisé le jeûne ; et cela est devenu une passion ; j'ai appris à jeûner en maintenant la force physique, et c'est le Saint Esprit qui m'a appris cela ; car à chaque fois que j'ose entreprendre quelque chose sans l'intégrer, il se sent trahi ; et cela n'est pas un bon signe.

J'ai fait 41 jours de jeûne et prière Allant du 7 avril 2021 au 17 mai 2021 sans se fatiguer et de fois même oubliant qu'après la clôture de la journée que je devrai manger quelque chose de léger.

Bien aimé, la parole de Dieu nous est donnée pour vivre et manifester CHRIST dans sa toute puissance dans notre corps.

A partir de ce moment, le jeune ne sera plus une corvée ; reçois la' force de jeûner sans stress au nom de JÉSUS CHRIST de Nazareth.

MA PRIERE

Le jeûne ne sera plus pénible dans ta vie au nom de JESUS

CONFESSION DE FOI

Le jeûne et la prière ne seront plus une corvée au nom de JESUS.

Méditation

06 JANVIER 2023

THEME : Lorsque Dieu te conduit

Apocalypse 7:17 Car l'agneau qui est au milieu du trône les paîtra et les conduira aux sources des eaux de la vie, et Dieu essuiera toute larme de leurs yeux.

Il y a un grand avantage lorsque Dieu lui-même te conduit ; et Moïse avait compris cela ; et il a dit à Dieu, si toi-même tu ne viens pas avec nous, nous ne partirons pas.

Ce refus est très révélateur ; pourquoi a t il dit çela? il sait qu'au ciel un Ange a tenté un coup d'état ; et il a échoué ; car, être conduit par un ange est un risque, car, tout peut arriver ; il a conclu par dire à Dieu" Si tu ne marches pas toi-même avec nous, ne nous fais point partir d'ici". Exode 33:15.

Et Dieu Lui accorda cela ; c'est ce que Dieu veut que vous fassiez ; lorsque lui-même vous conduit, il y a de choses qui se passent autour de votre vie:

Apocalypse 7:16 ils n'auront plus faim, ils n'auront plus soif, et le soleil ne les frappera point, ni aucune chaleur.

Il se charge pour ôter la pénurie, la chaleur et l'obscurité qui veulent à tout prix prévaloir sur vos affaires, votre emploi, mariage, et j'en passe.

Mais, à cause de cette parole, Dieu te fixe et devient une sécurité éternelle pour toi ; et personne ne pourra ôter la paix, la guérison, la joie, l'amour que Dieu s'est résolu lui-même d'imposer dans ta vie.

Sur base de cette parole, je proclame votre établissement dans le repos de toutes parts au nom de JÉSUS CHRIST de Nazareth.

MA PRIERE

Tu seras toujours conduit par Dieu peu importe les circonstances

CONFESSION DE FOI

Ta vie est condamnée à la gloire ;et l'échec est détruit à la racine au nom de JESUS.

Méditation

07 JANVIER 2023

THEME :Ne méprisez pas le serviteur de Dieu

1Rois 22:35 Le combat devint acharné ce jour-là. Le roi fut retenu dans son char en face des Syriens, et il mourut le soir. Le sang de la blessure coula dans l'intérieur du char.

Ce récit est riche d'enseignement ; et cela devrait tous nous inspirer.

Que se passe-t-il lorsque vous méprisez les serviteurs de Dieu ? Dieu travaillera toujours dans le sens de justifier la personne de son serviteur devant tous ceux-là qui doutent de son mandat.

Le prophète Michée a prophétisé contre le roi d'Israël Achab sur sa chute contre l'armée syrienne; et il en fût ainsi.

Achab voulait entendre des choses ayant trait avec les aspirations de son propre cœur ; il ne voulait pas écouter quelque chose Allant en l'encontre avec ses désirs charnels; alors que c'était le dernier jour de sa royauté ; et Michée l'a averti de ne pas s'engager dans cette affaire au risque de détruire sa vie ; mais, il n'écouta point ;et comme conséquence, il mourut sur le champ de bataille à cause du mépris sur la personne du prophète.

Il fut mettre en prison Michée et écouter ce que le prophète lui dit "1Rois 22:28 Et Michée dit: Si tu reviens en paix, l'Éternel n'a point parlé par moi. Il dit encore: Vous tous, peuples, entendez!".

Il lui a été dit que tu ne retourneras pas ; car, la parole de Dieu était déjà libérée dans ce Sens ; et comme Dieu accomplit les paroles de ses serviteurs, il en fut ainsi.

Vous pouvez ne pas croire à un message prophétique venant de la part d'un serviteur de Dieu ; c'est votre choix de la faire ; mais, ne le méprisez pas, par ce qu'en faisant ainsi, vous le faites à celui qui l'a mandaté ; donc c'est à Dieu que vous faites cela.

Manifestez de la révérence aux serviteurs de Dieu pour votre paix et survie ; car Dieu a placé votre bénédiction entre leurs mains ; 2 chroniques 20:20.

Recevez ici et maintenant l'esprit de la révérence sur les serviteurs de Dieu au nom de JÉSUS CHRIST de Nazareth.

MA PRIERE

Que la révérence sur les serviteurs de Dieu soit ton partage

CONFESSION DE FOI

J'honorerai toujours les serviteurs de Dieu

Méditation

08 JANVIER 2023

THEME :change ton mindset et tu vaincras l'ennemi.

Matthieu 4:3 Le tentateur, s'étant approché, lui dit: Si tu es Fils de Dieu, ordonne que ces pierres deviennent des pains.

Le plus grand problème des enfants de Dieu est la crise de leur identité en tant qu'enfant de Dieu ; et plus tu te fais identifier comme le monde et le diable le veulent, tu finiras perdant dans la course de la foi.

Le diable est venu vérifier si JÉSUS CHRIST était conscient de son identité en tant que Fils de Dieu dans notre verset d'ouverture ; et écouter la réponse du Grand Maître".

Matthieu 4:4 Jésus répondit: Il est écrit: L'homme ne vivra pas de pain seulement, mais de toute parole qui sort de la bouche de Dieu.

Il est d'une importance capitale de baser tout sur la parole et rien que sur la parole; car, à chaque fois que le diable veut vous entrainer dans sa plateforme où il règne, il fera de toi sa proie et votre propre ruine est déclenchée.

Tu n'as rien à prouver au diable, car, ce que tu es en Dieu n'a rien avoir avec lui ; laisse le te traiter comme il veut ; mais, toi, reste confiant et stable dans ton âme et esprit sur ce que tu sais à propos de ta vraie identité spirituelle.
Tu n'es pas de la terre, tu tires ta provenance du ciel ; Colossiens 3:3 Car vous êtes morts, et votre vie est cachée avec Christ en Dieu.

Cela veut dire là où Dieu est c'est là où chaque enfant de Dieu se trouve aussi ; et cette conscience et mentalité doivent être constatées chaque jour dans notre marche de la foi ; et plus la parole de Dieu est proclamée avec foi, le témoignage sera déclenché.

N'entre pas dans la vision de l'ennemi, réponds le sur la parole comme JÉSUS; et il fuira loin de toi.

Tu es un succès, et non un échec ; continue à identifier ta vie sur base de la parole de Dieu et le témoignage sera déclenché.

Que la victoire soit manifeste dans ta vie au nom de JÉSUS CHRIST.

MA PRIERE

Désormais, tu verras les choses à la lumière des saintes écritures

CONFESSION DE FOI

La parole de Dieu reste et restera mon seul appui au nom de JESUS.

Méditation

09 JANVIER 2023

THEME :Ce que le diable vise dans votre vie.

Marc 4:4 Comme il semait, une partie de la semence tomba le long du chemin: les oiseaux vinrent, et la mangèrent.

Si les enfants de Dieu comprennent cette parabole du Semeur, le diable n'aura plus de l'emprise sur vous; car, à chaque fois que la parole prend place dans votre cœur, il vient pour l'enlever au travers des soucis, des inquiétudes, la convoitise de ce siècle.

Faîtes très attention lorsque vous voyez le doute commencer à refaire Surface dans votre cœur; le diable veut à tout prix enlever la semence reçue, et dès lors que cela est fait, il vient plonger dans votre système de pensée des pensées négatives qui vous conduiront dans une apostasie petit à petit jusqu'à renier l'assurance sur la capacité d'intervention divine dans votre vie.

Il cherchera à vous amener dans son terrain, par ce que c'est là qu'il a le contrôle ; et plusieurs enfants de Dieu ne bâtissent pas leur spiritualité sur la parole ; il faut confesser la parole de Dieu matin , midi et soir jusqu'à prévaloir sur la situation et le diable s'éloignera de vous.

A chaque fois que vous vous sentez lourd pour prier ou méditer la parole de Dieu, c'est le diable qui en est l'auteur; Vous allez constater la même personne qui somnolait devient en éveil lorsqu'une série télévisée de novelas commence ; comment expliquer vous cela ?

C'est le diable, il cherchera toujours à t'exposer devant les futilités pour t'empêcher d'être à l'écoute de la parole ; il sait que la foi tire son essence de la parole ; et plus vous la déclarer et méditer matin et soir, il perdra le contrôle sur vous.

Alors, commencez dès à présent avec un plan de méditation au quotidien pour déclarer la parole sur votre situation afin de produire des témoignages extraordinaires.

Je proclame ce qui suit
1. Tu ne mourras pas avant 100 ans ; Esaïe 65:20.
2. Ta vie est un succès à jamais
3. Tu reçois la guérison sur toutes infirmités et maladies dans ton corps
4. Que l'abondance financière s'attache à ta vie pour toujours au nom de JÉSUS CHRIST de Nazareth.

Méditation

10 JANVIER 2023

THEME :Ce que fait la parole de Dieu

Jérémie 23:29 Ma parole n'est-elle pas comme un feu, dit l'Éternel, Et comme un marteau qui brise le roc?

Plusieurs ne comprennent pas que dans le monde des esprits seule la parole de Dieu lorsqu'elle est proclamée a toujours de la prévalence sur toute chair et sur toute volonté humaine y compris toute les plateformes qu'elle forme.

Lorsqu'un marteau est engagé à détruire un mur en un certain endroit ; et lorsque le donneur des coups reste FOCUS sur cet endroit sans aller à gauche ni à droite, je vous assure, que au fur et à mesure que cette partie du mur reçoit régulièrement les coups, le mur finira par s'écrouler ; pourquoi ? par ce qu'il a tellement emmagasiné les menaces, et la force de résistance a fini par céder.

C'est pareil sur le plan spirituel, lorsque vous déclarez la parole de Dieu sur un aspect de votre vie, matin midi et soir, peu importe la taille du problème, je vous assure, ce problème finira par céder.

C'est la mentalité que les enfants de Dieu doivent développer constamment pour exercer la domination partout où ils vont ; mais, au lieu de pratiquer cela, ils sont plaintifs en tout temps, faisant l'apologie de leur problème jusqu'à ce qu'il prévale sur eux.

Savez-vous que la vie et la mort sont au pouvoir de la langue ? prov 18:21; et tout Celui qui est intéressé en mangera le fruit.

Lorsque vous êtes malade, déclarez la guérison.

Lorsque vous passez de moments de sécheresse sur le plan financier, déclarez la visitation financière.

Lorsque vous êtes en train de chercher une âme sœur, déclarez sa manifestation physique.

Ne laissez plus d'espace au diable de vous mettre contre mur ; refusez cela ,car,il sait qu'au fur à mesure que votre bouche déclare la parole de Dieu avec insistance, Votre témoignage sera déclenché.

Maintenant après avoir compris comment Dieu veut que vous fonctionniez, ne laissez aucune place à l'ennemi de manipuler votre vie.

Faites comme moi ; acheter un cahier dans lequel vous écrirez des intentions des prières, alignez ces intentions jusqu'à 50 par exemple ; et donnez-vous 1 minutes pour chaque sujet matin midi et soir ; même si vous travaillez, utilisez votre temps de pause en priant toujours en esprit et en intégrant ces intentions des prières ; je vous assure dans 3 mois, les plus grandes promesses majeures vont manifester.

Croyez-moi, je le fais et ça marche ; et rien ne peut empêcher à la parole de Dieu de produire ses effets.
Développez cette mentalité et vous créerez votre EDEN sur terre

Votre vie est succès et l'échec est banni dans votre sang ; vous êtes condamné à la gloire et à une vie de l'excellence au nom de JÉSUS CHRIST de Nazareth.

MA PRIERE

Développez dès à présent la mentalité de proclamer la parole de Dieu.

CONFESSION DE FOI

La parole de Dieu prend la plus grande place dans mon cœur

<u>Méditation</u>

<u>11 JANVIER 2023</u>

THEME :Dieu s'engage de tourmenter tes oppresseurs

Apocalypse 9:5 Il leur fut donné, non de les tuer, mais de les tourmenter pendant cinq mois; et le tourment qu'elles causaient était comme le tourment que cause le scorpion, quand il pique un homme.

Le Dieu de la Bible est un compatissant, lent à la colère et riche en bonté ; mais il est aussi celui qui punit.

Lorsque DIEU punit tes oppresseurs cela veut dire qu'il a laissé le temps pour la repentance sincère mais, ils n'ont pas voulu le faire ; et dans ce contexte apocalyptique, Dieu a envoyé un 5 ième Ange qui sonna de la trompette pour que les sauterelles sortent afin de tourmenter ceux qui n'avaient pas de marques des enfants de Dieu sur leur front.

Je ne suis pas celui qui déteste les ennemis ; non, pas du tout ; mais, il y a un temps où lorsqu'ils foulent la grâce de Dieu aux pieds par une vraie repentance, c'est alors que la frappe est prévisible.

Cet équilibre vous permettra de vivre une bonne vie spirituelle en tant qu'enfant de Dieu sur terre ; si Dieu décide par cette écriture de te venger face à tes adversaires, laisse le le faire ; c'est pour ton bien.

Où qu'ils soient, personne ne sera exemptée ; ils vont vivre des tourments impossibles par ce qu'ils ont fait le choix de te combattre ; et en ce moment les choses changent en ta faveur ; tu ne seras plus atteint de leur menaces.

Que les anges de Dieu s'occupent d'eux par une frappe aérienne et souterraine ; et que ta vie soit totalement préservée au nom de JÉSUS CHRIST de Nazareth.

MA PRIERE

Que le Seigneur s'occupe de tes oppresseurs

CONFESSION DE FOI

Mes oppresseurs sont tous confus

Méditation

12 JANVIER 2023

THEME : les deux esprits qu'il faut avoir pour une percée sans limite.

Ep 1:17 afin que le Dieu de notre Seigneur Jésus Christ, le Père de gloire, vous donne un esprit de sagesse et de révélation, dans sa connaissance.

J'ai toujours lu ce Passage sans comprendre l'esprit de la parole logé à l'intérieur ; et pas longtemps, j'ai sursauté comme un enfant pour dénicher une clé importante que cette écriture garde.

Le Saint Esprit a tous les attributs divins ; et chaque attribut de sa personne vous qualifie dans la domination lorsqu'il est activé en vous.

Posez-vous la question, plusieurs meurent du poison et d'autres avec les mêmes épreuves sont indemnes ; pourquoi ?par ce que le Saint Esprit a rendu active la parole qui les préserve contre le poison ; et cela est vérifiable dans Marc 16:18 ils saisiront des serpents; s'ils boivent quelque breuvage mortel, ils ne leur feront point de mal; ils imposeront les mains aux malades, et les malades, seront guéris.

Ici ce sont les dernières volontés de JÉSUS CHRIST lui-même ; il a rassuré aux apôtres que la plateforme à laquelle ils appartiennent, le poison ne peut atteindre ; et cette garantie est pour tous les chrétiens ; mais, cependant, tout le monde n'accède pas à cette vérité ; pourquoi ? Par ce que tant que le Saint Esprit n'a pas activé l'esprit de la révélation de cette parole en vous,

vous ne cesserez d'être une proie pour le diable dans le domaine de poison.

L'esprit de la révélation de la parole joue un rôle très important dans notre marche de la foi ; il permet de transformer tout logos en RHEMA pour vous démarquer de tous les communs de mortels ; et vous devez être à la recherche de cet esprit pour illuminer sans cesse votre connaissance sur la personne de Dieu et de JÉSUS CHRIST.

Le Saint Esprit rend cela possible et c'est grâce à l'esprit de la révélation que la parole de Dieu produit ses résultats partout où vous allez ; et ne discutez pas avec cette vérité ; au fur et à mesure vous êtes illuminés par la parole de Dieu dans des domaines sombres de votre vie, les ténèbres sont vite remplacées par le témoignage ; et c'est pour cela que lorsque j'ai rencontré Matthieu 8:17; j'ai crié, je ne peux plus être malade ; et cette écriture de 1 jean 5:13 à cause de la vie éternelle logée dans mes fibres, muscles, Sang, Corps, âme et esprit m' établit dans une vie où la maladie et l'échec ne sont plus permis.

Tout cela est rendu possible grâce à l'esprit de la révélation et de la sagesse qui vous permettront de vivre une vie spirituelle d'impact de toutes parts.

Sont activés maintenant en vous l'esprit de la révélation et de la sagesse divine ; vous recevez l'intelligence mystique pour transformer chaque logos en RHEMA au nom de JÉSUS CHRIST de Nazareth.

MA PRIERE

Recevez l'esprit de la sagesse et de la révélation pour rencontrer des vérités cachées dans les saintes pour votre percée.

CONFESSION DE FOI

Saint Esprit rend actif l'esprit de la révélation pour augmenter ma graduation spirituelle

Méditation

13 JANVIER 2023

THEME : Dieu vous met à part

Genèse 9:2 Vous serez un sujet de crainte et d'effroi pour tout animal de la terre, pour tout oiseau du ciel, pour tout ce qui se meut sur la terre, et pour tous les poissons de la mer: ils sont livrés entre vos mains.

Commence déjà à considérer cette parole devenir une partie intégrante de ta vie ; point n'est besoin de continuer à se comporter comme un peureux devant les sorciers de ton clan et ta famille.

Sais-tu à qui appartient vraiment cette parole ? Laisse-moi te dire aux élus ; Noé fut trouvé grâce aux yeux de Dieu y compris sa famille de jouir de ces immunités.

Au moment où Dieu s'est chargé de tuer par le déluge toute l'humanité qui s'est rendue odieuse devant sa face, il a préservé une race pour devenir une donneuse de leçon devant les lions, les tigres, les anacondas, des vipères, les requins, les baleines, les aigles, crocodiles....etc.

Comment cela était rendu possible ? Lisons cette écriture, et nous allons tous nous mettre d'accord sur cette pensée. Apocalypse 7:3 Ne faites point de mal à la terre, ni à la mer, ni aux arbres, jusqu'à ce que nous ayons marqué du sceau le front des serviteurs de notre Dieu.

Il y a une marque de la grâce et de la distinction que Dieu place sur le front de chaque enfant de Dieu qui n'est pas visible à l'œil nu mais très visible sur le plan spirituel; et ceux qui sont éveillés en esprit peuvent s'en apercevoir.

Et Noé et sa famille étaient bénéficiaires de cette grâce ; et lorsque Dieu prend soin de faire de vous un sujet de crainte et d'effroi, personne ne peut dire le contraire ; même les grands lobby financiers ne peuvent rien dire à ce sujet ; par ce que c'est une marque venant tout droit du ciel ; et en ce moment, DIEU te fixe cela ; pas seulement toi ; mais, toute ta famille qui craint Dieu.

Sur ton front est placé cette marque d'exemption ; et personne ne lèvera la main sur toi ; toute tendance confondue ; car, il a décidé ainsi.

Tu deviens un sujet d'effroi et de crainte dès à présent ; tous les sorciers de ta famille vont maintenant te craindre à cause de cette parole; ils deviennent vulnérables devant toi ; car, tout ce que tu vas prononcer contre eux, aura des effets immédiats.

A partir de ce moment, tu vis la totalité de cette parole ; tu deviens un donneur des leçons devant tous les sorciers de ta famille ; tu laisseras la vie sauve à qui tu veux ; et tu tueras qui tu veux.

Vis la puissance de cette parole au nom de JÉSUS CHRIST de Nazareth.

MA PRIERE

Vous devenez un sujet d'effroi et de la crainte devant vos ennemis

CONFESSION DE FOI

Tous mes ennemis sont livrés entre mes mains ;et j'en ferai d'eux ce que je veux.

Méditation

14 JANVIER 2023

THEME : Les enfants de Dieu sont supérieurs aux sorciers

Daniel 1:20 Sur tous les objets qui réclamaient de la sagesse et de l'intelligence, et sur lesquels le roi les interrogeait, il les trouvait dix fois supérieurs à tous les magiciens et astrologues qui étaient dans tout son royaume.

Tout ce que les sorciers peuvent faire en bien ou en mal un enfant de Dieu a la capacité de le faire 10 fois plus mieux qu'eux.

Et le prophète Daniel était trouvé 10 fois supérieurs en intelligence par rapport à tous les sorciers et magiciens de son époque et le temps de manifester cette écriture et d'en prendre conscience est maintenant.

N'attend pas Demain ; car, à chaque fois que tu rencontres des telles vérités, montes ton esprit jusqu'à saisir l'esprit de la parole afin de la vivre pleinement.

C'est le temps d'arrêter de faire l'apologie des sorciers et autres lucifériens ; les chrétiens pensent que ces gens sont trop forts ; cela n'est pas vrai.

Dans le début de ma foi chrétienne,12 ans en arrière, j'avais une certaine mentalité rétrograde ; et lorsqu'on parlait des occultistes, j'avais tellement peur ; et je me rappelle que plusieurs aussi sont passés par là.

Une fois, une sœur s'étant assis sur le banc et on lui fait comprendre que son voisin de gauche était un occultiste chevronné ; un gourou tout fait ; je vous assure, que la sœur état gelée comme un bébé jeté sur la place publique en plein hiver.

Elle a changé de banc pour se sauver ; disant que ces gens sont hyper dangereux ; alors que les écritures nous renseignent le contraire de cela.

Et dans notre verset d'ouverture, Daniel fut trouvé 10 supérieurs en intelligence humaine et spirituelle par rapport à tous les occultistes recrutés par le roi.

Et la Bible dit " celui qui est en vous est plus grand que celui qui est dans le monde ; 1 jean 4:4.

Et vous devez fonctionner avec cette mentalité ; vous êtes investis en puissance et le Saint Esprit vous donne la capacité de faire tout.

A partir de ce moment, que les sorciers de vos familles manifestent de la crainte et de l'effroi lorsque vous apparaissez ; et recevez ici et maintenant la force de frappe ; ils deviennent tous vulnérables devant vous ; et aucuns d'eux ne va s'échapper.

Je disais à quelqu'un que je suis en mesure de lui produire des songes ; ceci n'est pas seulement l'apanage des sorciers et de magiciens ; mais, aussi des enfants de Dieu ; et ils peuvent mieux le faire; rien qu'avec cette écriture de job 3:25; Matthieu 5:28; me permettent de produire ce scénario.

Le temps me manquerait d'en parler Ici ; mais, que le Saint Esprit libère votre intelligence, sagesse et capacité afin de produire des résultats extraordinaires plus que les magiciens et sorciers.

Recevez cette grâce au nom de JÉSUS CHRIST de Nazareth.

MA PRIERE

C'est votre temps de dominer ; recevez 10 fois, l'intelligence par rapport à de vos semblables.

CONFESSION DE FOI

C'est mon temps de manifester l'esprit supérieur ;que mes atouts enfouis soient manifestes au nom de JESUS.

Méditation

15 JANVIER 2023

THEME : pourquoi les enfants de Dieu ne peuvent pas emprunter ?

Deut 15:6 L'Éternel, ton Dieu, te bénira comme il te l'a dit, tu prêteras à beaucoup de nations, et tu n'emprunteras point; tu domineras sur beaucoup de nations, et elles ne domineront point sur toi.

Ceci devrait être un avertissement pour tous les chrétiens ; car, dans la pensée de Dieu, il n'a pas permis à ses enfants de faire des opérations de crédit ou d'emprunt pour assurer leurs vies ; ceci n'est pas autorisé.

Savez-vous que tout créancier qui réclame sa créance auprès de son débiteur a un droit physique et spirituel sur lui ?

Ça va faire presque 10 ans que le Seigneur m'a délivré des dettes; et tout créancier peut trafiquer votre étoile si vous lui devez de l'argent.

Ça me tique lorsque je vois mes frères et sœurs qui travaillent dans des structures financières se précipitant de souscrire au crédit voiture, parcelle pour les avoir ; et ne savent pas que cette opération est un point de contact pour les maintenir sous siège sur le plan spirituel.

Plusieurs passent par de tourments ne sachant pas que les dettes les exposent devant leurs créanciers et finissent par subir leurs volontés : enfants malades, régression sur le plan financier, échec dans le business ...etc.

Votre créancier aura toujours un mot à dire sur votre vie lorsque vous lui devez ; et ceci est encore pire s'il est dans l'occultisme ; en tout cas, il n'y aura pas de pardon pour vous; et même Dieu ne pourra pas vous secourir par ce qu'il est lié à sa parole.

Je sais de quoi je parle ; je connais une servante qui a perdu ses grossesses à son poste du travail à cause des dettes au sein de l'entreprise ; et d'autres jusqu'aujourd'hui ont du mal à évoluer sur le plan marital; et cela n'est pas à prendre à la légère; car, le diable aussi viendra contredire la parole de Dieu pour vous présenter des opportunités apparemment bonnes afin de vous entrainer à désobéir à Dieu et emboîter vos pas dans son terrain pour vous cribler comme du froment ; faites très très attention.

Lisons ceci avec moi pour dissiper toute sorte de doute.

2Rois 4:1 Une femme d'entre les femmes des fils des prophètes cria à Élisée, en disant: Ton serviteur mon mari est mort, et tu sais que ton serviteur craignait l'Éternel; or le créancier est venu pour prendre mes deux enfants et en faire ses esclaves.

Cela veut dire, la dette donne tout le droit au créancier de faire de vous tout ce qu'il veut ; il peut vous jeter un mauvais sort, prendre votre maternité, votre étoile... Etc.

Vous serez toujours vulnérable devant lui peu importe le niveau élevé de votre spiritualité ; même Dieu ne pourra rien faire pour vous lorsque vous avez désobéi à sa parole. Le Bishop David oyedepo a refusé de s'engager dans les opérations de crédit bancaire au moment où les banques venaient lui solliciter des sommes d'argent pour construire Canaan land.

Je connais un pasteur qui est mort par ce que sa Belle-famille avait contribué sur sa propre Dot ; et après 3 mois de mariage il mourut ; son beau-père fut dans l'occultisme ; et cette aide avait donné tout le droit à ce dernier de faire de Lui tout ce qu'il voulait; il Maria sa fille à une autre personne.

Notre seule protection est ce que Dieu nous dit dans notre verset d'ouverture ; Dieu sait que votre sécurité réside dans le refus de l'emprunt ; c'est comme ça, il nous recommande de prêter mais pas d'emprunter ; car, cela peut nous coûter la vie si nous sommes entre les mauvaises mains.

Prenez le courage d'arrêter ce cycle infernal de la dette ; changer d'approche et payer le prix du contentement ; au début ça va sembler difficile mais, je vous assure qu'au fur et à mesure que vous réduisez votre train de vie, vous gagnerez en longueur d'avance ; et même le diable sera surpris de vous voir honorer tous vos engagements et être définitivement libre.

Je déclare dans le nom de JÉSUS CHRIST de Nazareth, que vos dettes soient payées surnaturellement.

Soyez libre des dettes au nom de JÉSUS.

MA PRIERE

Tes dettes sont toutes cancellées surnaturellement au nom de JESUS.

CONFESSION DE FOI

Je détruis à la racine l'esprit de la dette dans mon ADN au nom de JESUS.

Méditation

16 JANVIER 2023

THEME :Votre révérence sur le gardien de l'autel vous qualifie dans la gloire

2Chroniques 20:20 Le lendemain, ils se mirent en marche de grand matin pour le désert de Tekoa. A leur départ, Josaphat se présenta et dit: Écoutez-moi, Juda et habitants de Jérusalem! Confiez-vous en l'Éternel, votre Dieu, et vous serez affermis; confiez-vous en ses prophètes, et vous réussirez.

Plusieurs continuent à donner dans l'œuvre de Dieu, mais sans voir les résultats; pourquoi ?

Il y a quelque chose que les gens oublient ; et notre verset d'ouverture nous aide à comprendre cette réalité pour ne pas entrer dans une phase de récession économique pour toujours.

La révérence sur le gardien de l'autel est d'une importance capitale si vous voulez allez loin sur le plan financier et spirituel.

Faire confiance à Dieu vous aide à être affermi par rapport à votre foi ; et faites confiance à ses prophètes et vous réussirez dans la vie et dans vos affaires.

Le prophète ici est tout serviteur de Dieu qui a reçu un quelconque mandat de la part de Dieu ; c'est une bouche autorisée de Dieu pour des questions précises sur la vie de son peuple.

Et lorsque vous faites confiance, cela veut dire , vous développez de la révérence sur sa personne par ce qu'il est le gardien de l'autel.

J'ai vu plusieurs personnes tombées dans cette erreur ; elles se sont habituées avec les hommes de Dieu à cause de certaines affinités ,et d'autres par ce qu'elles sont dans la plateforme de ceux qui apportent un appui financier à l'œuvre de Dieu pensant qu'ils ont le droit de tout faire ; je vous assure, que cette attitude empêche la manifestation du miraculeux et inhibe aussi toute révérence que vous accordez à son endroit ; et cela vous plongera dans le chao pour rien.

Notre verset d'ouverture dit de faire confiance aux prophètes pour réussir ; et toutes déclarations Prophétiques libérées engagent le ministère des anges de travailler en votre faveur pour vivre votre miracle ; alors, même si vous êtes amis de gardien de l'autel, ne perdez pas de la révérence sur leur personne au risque de tomber dans la force des habitudes le traitant comme toute autre personne ; et cela est un danger.

JESUS CHRIST dit, un prophète est méprisé dans sa propre patrie ; pourquoi ? Par ce que la patrie l'ayant vu naître et grandir ; et doute de ses capacités et estiment que c'est la même personne qu'ils ont vu depuis sa naissance et ne croient pas à son appel lorsque Dieu veut l'utiliser.

Peu importe la taille du gardien de l'autel ; peu importe le niveau de son revenu, C'est à votre avantage de le respecter et de développer de la révérence sur sa personne pour vivre le miraculeux.
Je décrète ouverte ta saison de visibilité et de gloire au nom de JÉSUS CHRIST de Nazareth.

MA PRIERE

La révérence sur les serviteurs de Dieu sera toujours mon partage

CONFESSION DE FOI

Saint Esprit développe la mentalité d'honorer les hommes de Dieu.

Méditation

17 JANVIER 2023

THEME :Le signe d'un cœur repentant

Romains 12:9 Que la charité soit sans hypocrisie. Ayez le mal en horreur; attachez-vous fortement au bien.

Tout Celui qui n'a pas le mal en horreur a un sérieux problème de repentance; et David est celui qui nous a donné une leçon d'humilité lorsqu'il coucha avec la femme de son soldat; il regretta son péché et Dieu lui accorda le pardon.

Lorsque quelqu'un cherche à justifier son péché, cela veut dire qu'il est loin de prendre la décision de revenir vers DIEU ; et cela risque de le coûter cher.

Comment avoir le mal en horreur et continuer à se justifier sur son péché ?

Bien aimé, le péché reste péché peu importe sa nature ; car ,il n'y a de grand et de petit péché ; tout est péché devant Dieu ; et le péché est la désobéissance à la parole de Dieu.

Plus vous vous attachez au bien, le mal se dissipe en vous ; et cela permet un écoulement de grâce de l'onction du Saint-Esprit de manière simple et parfaite en vous.

Ayez le mal en horreur et la grâce de Dieu te localisera maintenant au nom de JÉSUS CHRIST de Nazareth.

MA PRIERE

Tu ne seras plus esclave des péchés

CONFESSION DE FOI

Je suis victorieux sur le mal

Méditation

18 JANVIER 2023

THEME :Tu ne mourras pas avant ton temps

Apocalypse 11:5 Si quelqu'un veut leur faire du mal, du feu sort de leur bouche et dévore leurs ennemis; et si quelqu'un veut leur faire du mal, il faut qu'il soit tué de cette manière.

Les deux chandeliers avaient reçu la mission de prophétiser pendant 3 ans et demi, soit 42 mois ou 1260 jours ; telle était leur mission.

Certains étudiants de la Bible attachent ces deux personnages à Élie et Moïse ; mais, là n'est pas notre problème ; mais, ce qui est intéressant est que Dieu lui-même a fixé le jour de la mort ; cela était lié à l'accomplissement de leur mission sur terre.

Voici la particularité de ce texte ; tant que Dieu n'a pas fini de faire un certain nombre de choses avec vous, vous ne serez pas une proie facile de l'ennemi.

Je dis à quelqu'un, tu ne mourras pas avant ton temps ; tu finiras ce que tu as commencé avec Dieu et personne ne pourra de détrôner si ce n'est Dieu Lui-même.

Mais, si quelqu'un veut te faire du Mal, un jugement de feu tombera sur lui car, tu as une marque sur ton front ; et cette marque est sur tous ceux qui ont une mission spécifique sur la terre ; et chaque enfant de Dieu porte cette marque de la grâce ,de la distinction et l'exemption; apocalypse 7:3; genèse 9:2.

Cette marque empêche que tu meurs avant ton temps peu importe les menaces de l'enfer.

Et en ce moment, le Saint Esprit place sur ton front cette marque et personne ne te touchera tant que ta mission sur terre n'est pas encore épuisée.

Tu mourras rassasié des jours ; et la longévité s'attache à toi, ta famille, tes enfants, ton mari au nom de JÉSUS CHRIST de Nazareth.

MA PRIERE

Tu es la stratégie de Dieu ; et tu finiras ta course peu importe l'adversité au nom de JESUS.

CONFESSION DE FOI

Je ne mourrai pas avant mon temps ;je remplirai ma part de contrat selon la volonté parfaite de Dieu ;et le diable est trop petit pour me vaincre.

Méditation

19 JANVIER 2023

THEME : Ne t'habitues pas avec le péché.

Juges 16:1 Samson partit pour Gaza; il y vit une femme prostituée, et il entra chez elle.

Tout vice qui n'a pas été vaincu tôt peu te récupérer dans la gloire si tu ne le traite pas; alors fais attention !!!

Samson était celui que DIEU s'est choisi pour libérer Israël dans la captivité des Philistins ; mais, son défaut était un déficit de caractère.

Un juge qui avait mandat de délivrer son peuple ; mais, se précipite pour entretenir des relations avec des putes ; cela est inadmissible pour un homme d'État de tomber dans une telle régression comportementale.

Il n'a pas pris soin de tuer ce tare à la racine ;et voilà qu'il en fut récupéré au moment opportun.

Vous ne devez pas être le genre de personne qui deal avec les péchés ; vous devez en finir lorsqu'il est encore un fœtus ; et lorsque Dieu vous place dans la gloire, vous êtes sûr que cela ne vous réclame pas.

Plusieurs sont montés dans la gloire avec des tares ; ils ont fini par être récupéré ; et les voilà dans les réseaux sociaux exposés dans la pornographie ; pourquoi cela ? Par ce qu'ils ont négligé de traiter des faiblesses en privé ; et au finish deviennent des proies du diable en public.

En ce moment où, tu me lis, tu peux te rattraper ; il n'est pas encore trop tard ; reçois ici et maintenant la force de vaincre et de dominer sur le péché au nom de JÉSUS CHRIST de Nazareth.

MA PRIERE

Le péché n'aura pas de l'emprise sur toi

CONFESSION DE FOI

Je marche dans la crainte de Dieu ;et le péché ne me contrôle plus.

Méditation

20 JANVIER 2023

THEME :Tu réussiras à enfanter ce projet peu importe l'adversité

Apocalypse 12:5 Elle enfanta un fils, qui doit paître toutes les nations avec une verge de fer. Et son enfant fut enlevé vers Dieu et vers son trône.

Le diable combat les dons et les grâces que les enfants de Dieu portent; et ces atouts sont des solutions aux problèmes du monde.

Le diable étant destructeur, n'aimera pas votre percée ; voilà pourquoi il cherchera toujours à combattre le plan que Dieu a dressé en votre faveur.

Dans notre verset d'ouverture, il a juré de tuer l'enfant que portait cette femme qui est l'image de l'Eglise Corps du Christ et cet enfant a un rôle à jouer ; celui de sauver l'humanité entière de son emprise.

Mais grâce soit rendu à Dieu qui nous donne toujours la victoire au nom de son Fils JÉSUS CHRIST ; et tout projet qu'il initie dans votre vie ne peut être avorté peu importe les menaces de l'ennemi.

Je viens proclamer dans ta vie ce qui suit :
1. Tu réussiras malgré l'adversité
2. Tes ennemis sont en train de changer de langage
3. Aucune plateforme ne réussira à te détruire
4. Dieu est avec toi ; et les portes qui étaient fermées s'ouvrent dès à présent

5. Toute force occulte qui combat ta destinée est détruite à la racine.
6. Tu prospère à tous égards ; et ton identité devient succès, sagesse, honneur, gloire.
7. Ta destinée soit couverte comme une fleur
Ces 7 décrets sont rendus opérationnels au nom de JÉSUS CHRIST de Nazareth.

MA PRIERE

Tu enfanteras ce projet peu importe le combat

CONFESSION

Je suis une étoile qui brille ;et peu importe l'adversité je brillerai au nom de JESUS.

Méditation

21 JANVIER 2023

THEME :le plus grand obstacle à la délivrance

Proverbes 28:13 Celui qui cache ses transgressions ne prospère point, Mais celui qui les avoue et les délaisse obtient miséricorde.

Le plus grand obstacle à la délivrance est que la personne elle-même s'identifie au problème.

Un sorcier doit avouer sa sorcellerie et prendre la décision de laisser ; et ce n'est qu'en ce moment-là que sa délivrance sera effective ; mais si il ne coopère pas ,il sera difficile de le délivrer ; car, il s'identifie au problème lui-même ; il devient participant de cette nature de la sorcellerie.

Voilà pourquoi plusieurs cas de délivrance sont inactifs surtout ceux des sorciers ; ce n'est pas par ce que l'onction n'est pas suffisante; mais, par ce que la personne elle-même refuse de coopérer ; et voilà la cause de tout le problème.

Notre verset d'ouverture nous donne une leçon magistrale ; il faut exposer le mal; et ensuite demander pardon à Dieu et réparer avec les hommes ; et ce n'est qu'en ce moment-là que la délivrance sera envisagée; sinon, vous passerez 1260 jours en train de délivrer et de ne voir de résultats.

Repentez-vous ; car, le royaume de Dieu est proche.

MA PRIERE

Que l'humilité de cœur soit votre partage

CONFESSION DE FOI

Mon cœur restera toujours sincère à Dieu peu importe les circonstances

Méditation

22 JANVIER 2023

THEME : Comment le diable séduit les enfants de Dieu

Job 32:8 Mais en réalité, dans l'homme, c'est l'esprit, Le souffle du Tout Puissant, qui donne l'intelligence;
Dans l'homme c'est l'esprit qui compte pour Dieu ensuite l'âme et puis le corps.

Lorsque tu donnes ta vie à JÉSUS CHRIST et que tu l'acceptes dans ton cœur comme Sauveur et Seigneur, le Saint Esprit vient faire son habitation dans ton esprit ; et l'âme doit subir la transformation par le renouvellement de l'intelligence au travers la parole de Dieu et c'est dans cette perspective que le corps cédera à la parole pour vivre une vie spirituelle qui satisfait à Dieu.

Dieu s'intéresse à l'esprit ; mais, le diable sait que l'homme est lié plus à la chair qui est votre corps ; il vient l'influencer et cette influence monte au niveau de l'âme qui est le siège de l'intelligence ; et puis lorsqu'elle est corrompue le corps et l'âme donnent une certaine pression à l'esprit qui n'est pas censé emboîter le pas dans leur direction ; mais, plus, il reçoit cette influence, il finit par fléchir ; et devient esclave du péché.

Mais, lorsque l'esprit est bien disposé et nourri constamment par la parole de Dieu matin et soir, il s'assume et contrôle toute pensée ne cadrant pas avec la parole de Dieu; et dans en ce moment-là, le diable devient incapable de manipuler votre destinée.

Notre verset d'ouverture nous présente la pensée de Dieu ; et c'est dans cette entité de l'homme qui est l'esprit que

Dieu dépose son souffle pour qu'au fur et à mesure que l'homme se met en contact permanent avec la parole, l'esprit impose une certaine influence à l'âme pour triompher des désirs de la chair.

La meilleure approche est la méditation de la parole ; ayez un plan de méditation au quotidien de la parole ; par ce que la parole de Dieu laisse les empreintes de DIEU dans votre esprit âme et corps.

Josué 1:8 Que ce livre de la loi ne s'éloigne point de ta bouche; médite-le jour et nuit, pour agir fidèlement selon tout ce qui y est écrit; car c'est alors que tu auras du succès dans tes entreprises, c'est alors que tu réussiras.

Il y a 3 choses que la parole de Dieu fait.

1. Elle permet de vous fixer pour prendre des bonnes décisions afin de bannir les erreurs ; et vous agissez selon Dieu et non selon la chair.

2. Le succès est garanti pour vous au moment où les autres sombrent dans le chao ; la parole de Dieu vous établit dans la domination et embellit votre renommée.

3. la réussite devient votre identité ; vous produisez des résultats qui étonnent le monde ; et ces résultats vous établissent dans la cour de grands.

Voici ce que fait la parole ; déclarez la chaque matin et soir pour triompher à tous égards.

Je déclare en votre faveur ce qui suit.

1. Là où les gens ont échoué, tu feras la fierté de ta communauté ; et tu produiras des résultats différents.

2. Ta vie prend une nouvelle tournure ; et l'excellence s'attache à toi pour toujours.

Tu vas vivre de manière exceptionnelle la main de Dieu cette semaine au nom de JÉSUS CHRIST de Nazareth.

MA PRIERE

Tu ne seras plus charnel mais spirituel

CONFESSION DE FOI

La chair n'aura plus de l'emprise sur moi au nom de JESUS.

Méditation

23 JANVIER 2023

THEME : Soyez ivre de la parole

Actes 5:28 Ne vous avons-nous pas défendu expressément d'enseigner en ce nom-là? Et voici, vous avez rempli Jérusalem de votre enseignement, et vous voulez faire retomber sur nous le sang de cet homme!

J'ai été toujours surpris sur le mode opératoire des apôtres au début de l'église primitive ; ils étaient des gens qui étaient ivres de la parole.

Lisez avec moi cette écriture pour comprendre la cause de leur ivresse.

Jean 1:14 Et la parole a été faite chair, et elle a habité parmi nous, pleine de grâce et de vérité; et nous avons contemplé sa gloire, une gloire comme la gloire du Fils unique venu du Père.

L'apôtre Jean fut témoin des œuvres de lumière de CHRIST lorsqu'il fut avec eux; il y a des choses qu'il a personnellement vécu et que le sanhédrin n'était pas en mesure d'éradiquer dans son système de pensée.

Il était parmi les témoins qui ont vécu le scénario de la transfiguration de JÉSUS CHRIST sur la montagne; il a vu cette lumière qui enveloppa l'être de JÉSUS CHRIST et qui changea son apparence.

Ces témoignages ont fait de lui une personne Ivre de JESUS, par ce qu'il avait des preuves tangibles sur sa personne.

Mais, le sanhédrin ne comprenait pas la cause de leur ténacité ; au point où ils le sont fait tabasser et les interdisant de prêcher au nom de JÉSUS ; ils étaient même contents de subir des outrages à cause de ce nom que DIEU a souverainement élevé au-dessus de tout nom.

Ce niveau de l'ivresse n'est pas donné à tout le monde, ils ont eu un vécu avec JÉSUS CHRIST personnellement ; et à ce niveau, rien ne pourrait plus les changer d'avis.

Voilà le secret de manifester le surnaturel dans la marche de la foi ; des rencontres personnelles avec Dieu dans sa parole.

Lorsque je dis aux gens que la maladie n'a pas sa place dans mon corps, cela n'est pas de l'orgueil ; j'ai vu JÉSUS CHRIST m'apparaitre en 2011au mois de novembre pour me dire qu'à chaque fois que je tombe malade, cela est considéré comme une insulte à l'œuvre de la croix ; par ce que sur la croix il s'est chargé de toutes nos infirmités et toutes nos maladies, Matthieu 8:17; et nous ne sommes plus appelés à vivre dans la maladie ; et c'est en 2017 que j'ai intériorisé la santé et guérison divines ; et depuis lors, je suis dans une parfaite santé.

La lumière de Matthieu 8:17 fut la clé de cette vie ; et j'ai décidé de " LAMBANO" cette parole et d'en faire une partie intégrante de ma vie.

C'est ça le secret de ceux qui veulent être sur la liste des ceux-là qui vivent dans le régime des exceptions.

A partir de cette vérité, tu entres dans le régime des exceptions où la maladie, la pauvreté, le erreurs sont bannis définitivement.

Je libère cette grâce reçu au mois de novembre 2011 dans ta vie ; tu vas rencontrer le Seigneur dans sa forme de gloire, et cela devient ton style de vie ; tu sortiras avec des révélations inouïes pour impacter ta vie à jamais ; reçois cela au nom de JÉSUS CHRIST de Nazareth.

MA PRIERE

Tu ne vivras plus de slogan ;la parole de Dieu sera vraie, tangible et palpable dans ta vie au nom de JESUS.

CONFESSION DE FOI

Je reçois l'ivresse de la parole de Dieu pour impacter mon environnement au nom de JESUS.

Méditation

24 JANVIER 2023

THEME : rassures toi de lier l'homme fort pour dominer ta contrée

Marc 3:27 Personne ne peut entrer dans la maison d'un homme fort et piller ses biens, sans avoir auparavant lié cet homme fort; alors il pillera sa maison.

Plusieurs font cette erreur de déménager sans avoir l'assurance de contrôler l'environnement spirituel dans lequel ils ont intégré.

Il ya des gens qui ont déménagé et dès lors qu'ils ont foulé les pieds en cet endroit, les affaires ont commencé à décliner et d'autres formes de régression sociale apparaissent : chômage, maladies, mort des membres de famille.. Etc..

Le travail devrait se faire en amont, celui de maîtriser l'homme fort de la rue, de la Commune pour maintenir le progrès de manière évidente; et notre verset d'ouverture nous en dit plus clairement ; il faut maîtriser l'homme fort de la maison pour accéder à ses biens ; sinon, c'est lui qui vous maîtrise.

Il est conseillé de nommer d'abord l'endroit où vous êtes ; si c'est une boutique nommez-la ; si c'est votre maison, nommez-la ; et lorsque vous faites porter le nom dans votre maison ou entreprise, les circonstances vont travailler pour confirmer ce nom ; et le Monde de ténèbres ne sera pas en mesure de trafiquer vos bénédictions, car, vous avez donné un contenu spirituel à l'endroit.

J'ai nommé ma maison" PAIX et PROSPÉRITÉ" et les anges qui sont envoyés à ma garde travaillent nuits et jours pour rendre cela effectif dans ma vie.

J'en suis très conscient et c'est comme cela que l'homme fort de la rue sera assujetti devant mon autorité spirituelle ; je déclare ces paroles matin et soir pour imposer continuellement ce contenu ; et le diable ne saura rien faire.

A partir de ce moment, je renverse toute autorité occulte ayant le contrôle de ta Parcelle, de ton avenue, de ta maison ; et soumets immédiatement leurs pouvoirs sous tes pieds.

Tout ce que tu diras s'accomplira, car, le Seigneur te charge de l'onction au moment où tu me lis.

Que toute force de contrôle soit détruite maintenant ; tu reçois le contrôle de toute chose au nom de JÉSUS CHRIST de Nazareth.

MA PRIERE

Reçois le contrôle et la domination dans ta maison et ton quartier au nom de JESUS.

CONFESSION DE FOI

L'homme fort de ma contrée est lié au nom de JESUS.

Méditation

25 JANVIER 2023

THEME :tu peux provoquer des saisons par tes semences

Marc 11:13 Apercevant de loin un figuier qui avait des feuilles, il alla voir s'il y trouverait quelque chose; et, s'en étant approché, il ne trouva que des feuilles, car ce n'était pas la saison des figues.

Comment est-ce que JÉSUS pouvait-il faire une histoire pareille ? Sachant que ce n'était pas la saison de figues mais il a quand même demandé de manger de son fruit ?

C'est une matière à réflexion, et sur le plan spirituel, ce sont des semences qui provoquent des saisons et non vice versa ; et vous devez être éveillés pour Savoir quand est ce qu'il faut Semer ou pas.

Vous êtes responsable de la production de vos saisons ; et JÉSUS nous apprend que même si ce n'était pas la saison de figues, l'arbre devait libérer des fruits surnaturellement ; et cette écriture nous montre deux choses à faire pour provoquer des saisons même si ce n'est pas encore le temps.

1. faire de placements divins

Les semences sont des placements divins qui provoquent des saisons de manière surnaturelle ; et cela demande la sensibilité de chaque croyant.

Tout besoin présenté dans le royaume de Dieu est une opportunité pour vous bénir ; et cela est à votre avantage

; aussi loin que peut aller votre sensibilité, aussi loin le ciel déclenchera des bénédictions de manière equi proportionnelle à l'envergure de votre sensibilité spirituelle exprimée.

Plusieurs sont entrés dans la religion et pensent que leurs semences sont tellement précieuses et que ça ne vaut pas la peine de les libérer ; ils disent qu'ils donnent à l'église pour supporter Dieu; vous devez savoir que vous et moi sommes trop petits pour supporter Dieu ; et c'est un langage qu'il faudrait bannir car, l'or et l'argent appartiennent à Dieu; âgée 2:8.

Les semences provoquent des opportunités et des saisons ; et vous recevez cette grâce de semer dès à présent.

2. Les déclarations Prophétiques

Après avoir semé, vous avez la responsabilité de déclarer ce que vous voulez voir ; les semences semées vont de pair avec les paroles ; vous devez lier des paroles des bénédictions sur vos semences ; et vous verrez le résultat de vos propres yeux.

Je déclare ce qui suit

1. L'abondance, la crainte de Dieu deviennent ton identité.

2. Tu commences à produire des résultats comme jamais auparavant dans ton secteur d'activité ; c'est ta saison d'exploits.

3. Tu ne souffriras plus comme au temps passé ; ta vie est un succès et l'échec est banni dans ta vie.

Ces choses sont fixées dans ton ADN dès à présent au nom de JÉSUS CHRIST.

MA PRIERE

Je déclare tes saisons d'abondance ouvertes

CONFESSION DE FOI

J'ordonne le déclenchement de mes témoignages au nom de JESUS.

Méditation

26 JANVIER 2023

THEME :Le système de l'anti Christ fonctionne déjà

Apocalypse 14:9 Et un autre, un troisième ange les suivit, en disant d'une voix forte: Si quelqu'un adore la bête et son image, et reçoit une marque sur son front ou sur sa main,

Nous sommes en train de vivre le dernier virage de la dispensation de l'Eglise pour entrer au Millénium ; mais, cela sera sanctionné par l'enlèvement de l'Eglise.

Le système de l'anti Chris fonctionne déjà ; nous pouvons voir cela dans plusieurs organisations où l'on prépare déjà le monde à sa venue.

Bien-aimé, il faut être fou pour ne pas remarquer cela ; le milieu professionnel et politique sont les deux systèmes par lequel la volonté du diable s'impose.

Sous d'autres cieux, les parlementaires légifèrent des lois Allant en l'encontre de la parole et la volonté de DIEU jusqu'à permette des mariages homosexuels et autres formes de délits pour attirer la colère de Dieu sur les humains.

Satan a été déjà jugé ; et il veut attirer plusieurs dans la fosse et dans le jugement éternel de feu ; où lui et ses démons vont grincer les dents.

Cette fournaise ardente n'est pas ce que le livre de Daniel nous présente où l'on a jeté 3 de ses amis ; non, cela vaut plus que ça.

Un feu qui ne s'éteint pas, en plus avec un mélange sérieux du soufre ; c'est à vous de voir si vous ne voulez pas prendre la résolution de changer votre vie.

Dans la profession on recrute des employés dans l'occultisme contre des augmentations des salaires, des promotions et autres formes d'avantages sociaux.

Et plusieurs enfants de Dieu sont déjà tombés dans ce piège à cause de l'esprit du Monde qui les caractérise.

Même dans le sacerdoce, les pasteurs sont devenus moins regardant au salut des âmes ; je ne parle pas de programme que les églises établissent de manière générale dans le cadre de l'évangélisation mais, je parle de programme personnel que chaque pasteur ou membres de l'église organise pour sauver les pêcheurs.

Soyez sincères Envers vous-mêmes ; c'est quand la dernière fois que vous avez gagné une âme pour le Seigneur ?

Les pasteurs sont devenus plus bureaucrates, enfermés dans leurs bureaux climatisés, échangeant l'onction contre de l'argent ; d'autres donnent des rdv en fonction du niveau de revenu de membres ; cela est aussi un système que l'anti Chris a imposé dans l'Eglise.

Comment faire pour se tirer d'affaire ?il faut revenir à votre premier amour pour le Seigneur ; ne mettez plus l'argent à l'avant plan ; mais, disposez votre cœur pour DIEU et vous verrez comment il va changer des choses pour vous.

Que les chrétiens forment de cartels financiers puissants pour développer une certaine autonomie financière dans le concert des nations.

Toutes les grandes structures financières et des medias sont à majorité occultes ; et les chrétiens dorment sans changer des stratégies ; cela doit être révisé le plus vite possible ; car, il y a une vague de l'ingéniosité que le ciel est en train de déverser à l'Eglise pour accompagner l'enlèvement ; et Ephésiens 5:27 nous donne les caractéristiques liés à l'Eglise avant l'avènement du Seigneur.

Ephésiens 5:27 afin de faire paraître devant lui cette Église glorieuse, sans tache, ni ride, ni rien de semblable, mais sainte et irrépréhensible.

Et c'est cette dimension de puissance que le Seigneur attend l'Eglise corps du CHRIST de manifester ; et DIEU dans son plan va remettre l'économie mondiale entre les mains des vrais chrétiens qui vont établir son règne dans chaque secteur de la vie.

Vous êtes là stratégie de Dieu ;

Que votre cœur tout entier soit attaché à DIEU et que son amour habite vos cœurs au nom de JÉSUS CHRIST de Nazareth.

MA PRIERE

Tu ne seras pas une proie du système de l'anti christ au nom de JESUS.

CONFESSION DE FOI

Je tiendrai jusqu'au bout dans ma foi

<u>Méditation</u>

<u>27 JANVIER 2023</u>

THEME : l'esprit de la révélation et son impact dans la marche de la foi

Éphésiens 1:17 afin que le Dieu de notre Seigneur Jésus Christ, le Père de gloire, vous donne un esprit de sagesse et de révélation, dans sa connaissance.

La force spirituelle et votre progression rapide dans les choses de l'esprit demeurent dans votre flexibilité à apprendre vite et à faire des découvertes chaque jour dans les Saintes écritures.

Sur le plan spirituel, Dieu a établi des gardiens de la connaissance vu, leurs expériences avec lui-même.

Par exemple Enoch fut le premier à être enlevé, et son corps ne vécut pas la corruption ; à cause de cette perfection élevée par Dieu Lui-même, il devient une autorité spirituelle et un gardien dans le domaine de l'immortalité.

Cela est Biblique ; et JÉSUS CHRIST lui-même a vécu cela dans Matthieu 17 :1-5; les deux esprits que DIEU a élevé à la perfection sont venus vers lui pour lui réconforter.

Je veux être ici équilibré, les prières sont adressées à Dieu au nom de JÉSUS CHRIST et non aux hommes, ni à Moïse, Elie, et moins encore à Enoch.

Mais, ici, je veux dégager une lumière qui vous aidera à perfectionner votre ranking spirituel devant les dominations et autorités dans le règne de l'esprit.

Notre verset d'ouverture nous parle d'un Grand gardien qui est le maître du LOGOS "c'est l'esprit de la révélation et de la sagesse ; qui sont un compartiment dans la personne du Saint-Esprit ayant pour mission d'apporter la lumière lorsque vous êtes en face du logos ; et l'esprit de la révélation a pour mission de transformer le Logos reçu en RHEMA.

Et plus cet esprit est expressif en toi, il ne te laissera pas inaperçu ; tu recevras des révélations fraîches par rapport aux saisons et tu ne les rateras pas.

Cet esprit est activé lorsque tu passes plus de temps dans la méditation de la parole de Dieu et plus vous devenez un avec.

Que l'esprit de la révélation soit manifeste dans ta vie pour te faire découvrir des vérités cachées dans les Saintes écritures au nom de JÉSUS CHRIST.

MA PRIERE

Tu marches dès à présent avec l'esprit de la révélation

CONFESSION DE FOI

Je suis rempli de l'esprit de la révélation du CHRIST.

Méditation

28 JANVIER 2023

THEME : Les bénéfices du contentement

1Timothée 6:6 C'est, en effet, une grande source de gain que la piété avec le contentement;

L'impatience est ce vice qui combat le contentement pour ne pas espérer et vivre la visitation divine; et le diable combat les enfants de Dieu dans ce sens; à cause de l'impatience plusieurs sont tombés dans des scandales et ont perdu la course dans leur appel.

Le contentement n'est pas le refus du développement ; c'est accepter en attendant ce que Dieu te donne tout en espérant un Futur meilleur ; et le vide de cette vertu conduit à fabriquer des miracles pour plaire au Monde.

Si tu es dans ce lot de gens, je te prie de voir les choses différemment ; cela est pour ton bien ; car, Dieu ne bénit pas en retard, ni avant ; mais, il bénit en son temps.

Encore un peu de temps, tu vas vivre de tes propres yeux la main de Dieu ; ta patience va te justifier devant tes oppresseurs.

Le contentement brise l'envie, la haine, la cupidité et autres formes d'envies ; et cela vous permet de ne pas tomber dans la jalousie des bénédictions des autres.

Je prie que tu reçoives l'esprit du contentement maintenant ; et ton temps de visitation a sonné au nom de JÉSUS CHRIST de Nazareth.

MA PRIERE

Tu n'envieras plus des bénédictions des autres

CONFESSION DE FOI

Je suis un victorieux ; et mon temps de visitation a déjà sonné ;je vis dans le contentement jusqu'à la manifestation de mon miracle ;car, je crois à l'intervention surnaturelle dans ma vie par ce que JESUS m'aime et vit en moi par le Saint Esprit.

Méditation

29 JANVIER 2023

THEME :DIEU confirme la parole que tu déclares

Esaïe 44:26 Je confirme la parole de mon serviteur, Et j'accomplis ce que prédisent mes envoyés; Je dis de Jérusalem: Elle sera habitée, Et des villes de Juda: Elles seront rebâties; Et je relèverai leurs ruines.

Plusieurs enfants de Dieu sont muets et préfèrent subir les outrages de l'ennemi alors qu'ils ont un chèque en blanc au dedans d'eux.

Notre verset d'ouverture dit que Dieu confirme votre parole ;et si vous ne déclarez pas ,il n'y aura rien à confirmer ; et votre part de responsabilité est de continuellement proclamer sa parole pour le mettre dans son confort afin de produire des résultats remarquables en votre faveur.

Lorsque vous êtes exposés à des difficultés, la meilleure approche est de proclamer ce que vos yeux veulent voir ; et comme c'est la parole de Dieu, il est contraint de l'accomplir.

Dieu confirme votre parole en mettant son sceau, et lorsque ce sceau est placé aucune domination, autorité, principauté et esprit méchant ne pourront la renverser ; et après avoir confirmé votre parole, maintenant vient le moment où il l'accomplit pour que sa gloire éclate dans votre vie.

A partir de ce moment

1. Ta production et ta rentabilité doublent.

2. Aucun accident conçu par l'ennemi ne prospérera

3. Tu montes de niveau sur le plan spirituel et financier

4. Ton nom est écrit sur la liste des gens qui sont retenus pour la direction des grandes affaires de ta nation.
Reçois ces 4 décrets au nom de JÉSUS CHRIST de Nazareth.

MA PRIERE

Que la parole qui sort de ta bouche sorte avec effet

CONFESSION DE FOI

Ma destinée est un succès

Méditation

30 JANVIER 2023

THEME :la plus grande satisfaction de Dieu

Colossiens 1:27 à qui Dieu a voulu faire connaître quelle est la glorieuse richesse de ce mystère parmi les païens, savoir: Christ en vous, l'espérance de la gloire.

Pendant tout le temps, Dieu était insatisfait sur le rituel des offrandes et de la purification de son peuple ; ces offrandes des boucs couvraient juste les péchés mais ne les enlevaient pas ; mais, le jour où JÉSUS CHRIST est mort et ressuscité Dieu a trouvé une totale satisfaction lorsque JÉSUS est venu faire son habitation dans le corps de l'homme par le Saint Esprit.

Et cette glorieuse richesse de ce mystère parmi les païens est " CHRIST dans l'homme" l'espérance de la gloire bet non de la honte.

Sa présence vous communique ses attributs pour opérer comme Lui ; et du fait que vous tirez votre appartenance de lui, vous avez tout ce qui lui appartient car, vous êtes de sa race.

Écoutez ceci, JESUS dans l'homme est le mystère qui a permis à DIEU d'opérer dans le corps de l'homme ; et du fait que le ciel est le lieu où se trouve son trône et la terre étant son marchepied, sa pleine volonté se fait exécuter sur terre par le truchement de l'homme.

En recevant JÉSUS CHRIST dans votre vie, vous avez donné à Dieu le mandat légal de passer par vous pour imposer sa volonté sur terre ; et là où il y a instabilité sous toutes ses formes, il veut vous charger pour restaurer la paix, la joie, malgré la présence du mal; et vous êtes sa stratégie et son quartier général ; n'est-ce pas merveilleux ?

C'est comme car, il faut marcher avec cette conscience ; car, vous avez l'ADN de Dieu en vous par le Saint Esprit pour opérer comme Lui.

Ne soyez pas complexé de votre statut social ; cela ne compte pas pour Dieu; mais, c'est juste votre disponibilité dans les affaires du royaume.

Sa puissance, sa force et son mode opératoire se trouvent en vous ; et lorsque vous faites l'usage de la parole, le ciel tout entier est mobilisé pour l'accomplir; Psaumes 103:20.

Soyez conscient de la mine d'or que vous portez ; vous êtes une bombe pour les ténèbres.

Que les circonstances travaillent en votre faveur au nom de JÉSUS CHRIST de Nazareth.

MA PRIERE

Que le Saint Esprit libère la vie et la nature de Dieu dans sa plénitude.

CONFESSION DE FOI

Christ en moi l'Esperance de la gloire et non de la honte

Méditation

31 JANVIER 2023

THEME :Le péché n'a plus d'influence sur toi

Galates 5:24 Ceux qui sont à Jésus Christ ont crucifié la chair avec ses passions et ses désirs.

Si aujourd'hui dans le christianisme on parle encore du péché, cela est une charge qu'il faut incomber aux prédicateurs de la sanctification qui amènent des fourberies par voie de leur ignorance sur le péché.

J'aimerai être direct à ce sujet par ce que le péché n'est plus un problème pour des enfants de Dieu pratiquant de la parole ; mais, par contre si il y a de ceux-là qui tombent constamment sur la masturbation, pornographie, impudicité et autres formes de vices, ils appartiennent à la catégorie des chrétiens qui se battent nuit et jour avec la chair ; alors, que cela ne devrait pas être ainsi.

La chair a été crucifiée maximalement lorsqu'on a donné sa vie à JÉSUS CHRIST, et dans la marche de la foi en poursuivant l'excellence dans la connaissance pour renouveler l'intelligence, le Saint Esprit libère des aptitudes pour transcender toutes formes de sollicitations du mal; peu importe leur nature.

Cette mentalité n'est pas développée dans la vie de plusieurs chrétiens ; ils jeunent et prient pour quelque chose qui a été vaincu sur la croix ; et que toute communion avec le Saint Esprit libère les capacités de vaincre le péché.

Lisons cette écriture pour être plus explicite.

Romains 6:11 Ainsi vous-mêmes, regardez-vous comme morts au péché, et comme vivants pour Dieu en Jésus Christ.12 Que le péché ne règne donc point dans votre corps mortel, et n'obéissez pas à ses convoitises.

C'est une mentalité du royaume ; tout chrétien devrait se considérer comme mort aux péchés et vivant pour le Seigneur ; que cela veut donc dire ?

Toutes sollicitations venant de l'ennemi ne peuvent plus vous influencer car, vous êtes mort aux péchés ; et vous ne réagissez pas à ça; par ce que vous êtes mort; et c'est ça l'approche divine.

Lorsque que vous réagissez aux sollicitations, vous êtes vivant pour le péché et cela vous rabaisse davantage.

Demeurez vivant pour le Seigneur rien que pour le Seigneur en obéissant à sa parole ; et cela m'a pris autant d'années pour comprendre cet évangile de la justice ; par ce que c'est le Saint-Esprit qui produit la justice en nous et nous donne des aptitudes de ne plus tomber dans le mal ; en plus, nous avons la volonté qui est un atout important mais, négligé dans le corps du CHRIST.

Le Saint Esprit en communicant la vie et la nature de Dieu en vous, vous permet de marcher dans une vie victorieuse sur les péchés ; et cela devrait être ancré dans votre conscience.

A partir de ce moment, reçois la force de dominer sur toutes les formes de péchés ; même les erreurs d'autres fois, ne seront plus répétées ; vous êtes tellement chargés de la force divine ;et l'esprit de la sanctification vous comble au nom de JÉSUS CHRIST de Nazareth.

MA PRIERE

Le péché n'aura plus d'emprise sur toi

CONFESSION DE FOI

Je suis victorieux sur le péché au nom de JESUS.

Printed by Books on Demand GmbH, Norderstedt / Germany